DISCOURS

PRONONCÉ

PAR M. DE LAMARTINE,

DÉPUTÉ DE MACON,

Au Banquet qui lui a été Offert

Le 4 Juin 1843

PAR SES CONCITOYENS.

MESSIEURS,

Si j'éprouve une inexprimable jouissance en contemplant l'imposante réunion de tant de citoyens, et en répondant aux paroles que votre digne et bienveillant président vient de m'adresser en votre nom; cette jouissance, soyez- en sûrs, touche moins en moi l'homme que le citoyen. Il serait bien petit, laissez-moi vous le dire, l'homme public qui, accueilli ainsi par le pays qui l'a vu naître, ne verrait dans tout cela que soi-même, et n'emporterait de ce jour, de cette foule, de ces acclamations bienveillantes, qu'une misérable satisfaction d'amour-propre, au lieu d'y voir une grande et sérieuse manifestation d'esprit public!

Et cette manière de considérer cette fête, Messieurs, en même temps qu'elle est la plus vraie, la plus digne de vous, est, en même temps, la plus propre à honorer celui que vous voulez récompenser et raffermir. Car, si ces démonstrations n'avaient que moi pour objet, l'impression en serait aussi bornée et aussi fugitive que moi-même; et ces tentes ne seraient pas enlevées, ces guirlandes de feuillage ne seraient pas séchées, que le souvenir de cette heure brillante de ma vie serait évanoui comme ces décorations qu'on écarte; au lieu qu'en disparaissant moi-même comme je le dois, en ne voyant là qu'un acte politique, vous élevez, pour ainsi dire, le nom d'un simple citoyen à la hauteur d'un principe! (De toutes parts : Oui, oui, oui! c'est cela!)

Et vous le rendez ainsi, ce nom, aussi imposant que cette foule et que cet acte politique auquel vous daignez l'associer!

Sortons donc tout de suite des banalités de sensibilité et de reconnaissance, et parlons un instant de choses sérieuses, même au milieu de ces appareils de fête. Tout est sérieux de ce qui touche au peuple. Et qu'importent la tribune et la place? N'est-ce pas dans des banquets aussi que les anciens traitaient des plus graves sujets de la philosophie, et des plus grands intérêts de la république? (Très bien! très bien!)

Et, dabord, ne dois-je pas me demander à moi-même pourquoi cette foule, pourquoi cette innombrable réunion de citoyens de tous les états, de toutes les professions, de tous les habits, parmi lesquels je ne vois manquer que quelques anciens et honorables amis attachés au gouvernement par leurs fonctions, et dont je respecte l'absence, tout en m'en affligeant, mais qui, certes, n'auraient rien entendu, ici, d'indigne d'eux et de vous? Oui, je me demande pourquoi tous ces hommes ici rassemblés, depuis le propriétaire jusqu'à l'ouvrier, depuis l'homme qui vit du travail des mains jusqu'à celui qui vit du travail de l'intelligence, mettent-ils leurs intérêts avec confiance, sans ombrage, sans haine, sans envie les uns des autres, entre mes mains? Ah! osons l'avouer, Messieurs, c'est que rien, heureusement, ne s'interpose plus entre nous; c'est que rien ne nous empêche plus de composer une seule et même famille nationale! c'est que la révolution de 89 a enlevé toutes les barrières qui nous séparaient en trois ou quatre peuples dans une même patrie, et que, aujourd'hui, l'égalité des droits entre tous a produit enfin ce qu'elle devait produire : l'uniformité de patriotisme et la fusion de tous les intérêts en un intérêt commun. (Assentiment.)

Mais elle a produit plus, Messieurs! elle a produit déja aussi entre nous la communauté de croyances et d'idées politiques. Oui, il est évident, pour qui réfléchit, qu'au milieu de ces diversités apparentes, de ces nuances plus ou moins colorées d'opinions contraires à la surface, il y a déja au fond une même pensée, une foi politique commune entre nous ; et que cette foi politique, il ne s'agit plus que de la dégager de quelques préjugés qui l'obscurcissent encore, pour la faire briller d'un irrésistible éclat au-dessus de toutes les intelligences, et rallier tous les esprits à un dogme unanime et tout-puissant !

Que nous pensions de même au fond sur la plupart des grandes questions qui ont agité le siècle et qui l'agitent encore, je n'en voudrais d'autres preuves que la réponse que chacun de nous se fait à lui-même quand il s'interroge sans esprit de parti sur les matières de gouvernement. En voulez-vous la preuve ? je vais la tenter sur vous-mêmes. A qui que ce soit que je m'adresse ici, riche ou pauvre, à droite, à gauche, au milieu, je suis persuadé que j'obtiendrai les mêmes réponses si j'interroge au hasard ceux qui ont le moins du monde réfléchi sur l'esprit des institutions et sur les règles d'un bon gouvernement pour leur pays.

Êtes-vous convaincus, par exemple, que l'égalité de droits entre les classes sociales vaut mieux que l'inégalité et les priviléges de castes, pour la dignité morale des individus, comme pour la force de la nation ? Tous, sans exception, vous me répondrez : Oui. (Oui, oui, oui !)

Êtes-vous convaincus que la liberté bien réglée par les lois librement consenties, qui obligent tout le monde sans humilier personne, vaut mieux pour la moralité du peuple que la subordination passive aux ordres d'un despotisme quelconque ? Tous encore, vous me répondrez : Oui. (Oui, oui !)

Je vais plus loin. Êtes-vous convaincus déjà, et il y a peu d'années vous ne l'étiez pas encore, êtes-vous convaincus que le principe chrétien de la fraternité entre les hommes doit devenir tôt ou tard le principe de la fraternité entre les peuples ? que le règne de la force brutale, de la conquête est passé ; qu'il faut reléguer la gloire elle-même, quand elle n'est pas fondée sur la défense des intérêts nationaux, au rang des préjugés sublimes qui ont plus ébloui le monde qu'ils ne l'ont servi, et que par conséquent la paix, l'harmonie entre les nations, la paix qui est à la fois le travail, la liberté, le bonheur du peuple, doit être le premier but de tout bon gouvernement? Vous dites : Oui, du fond de l'ame, et vous n'y mettez d'autre réserve que cette dignité du pays, plus chère à la France que les dernières gouttes de son sang! (Oui, oui!)

Allons plus loin encore. Êtes-vous convaincus que les gouvernements ne tombent pas du ciel tout faits? qu'on ne les reçoit pas de tous les hasards et sans titres? Êtes-vous convaincus que les gouvernements ne sont en réalité que des instruments, dans les mains de la nation, au service des idées ou des intérêts que chaque nation et chaque époque a pour mission de faire triompher dans le monde? que si cet instrument fonctionne bien, il faut le conserver; que s'il fonctionne mal, il faut le redresser; et qu'enfin, s'il se tourne contre les idées et contre le peuple, il faut....? Mais ne prononçons pas le mot terrible de révolutions! Rien ne les justifie que d'inexorables nécessités! Eloignons-les même de notre pensée... Dieu et notre sagesse les écarteront à jamais de nous! (Bravos et assentiment prolongés.)

Vous dites mille fois : Oui! à toutes ces doctrines. Je vous interrogerais sur mille autres points de ces idées communes à tout ce qui pense ici, que nous trouverions le même assentiment sur une foule de vérités sociales ou politiques sur lesquelles nous serions d'accord. Il y a donc une croyance commune, une foi nationale; et ceux qui parlent tant de notre prétendu scepticisme ne révèlent, au fond, que leur propre indifférence et leur incrédulité intéressée.

Eh bien! quand un peuple en est là, il est mûr pour la liberté. Il est sauvé!.. Il n'a plus besoin de tuteurs ni de maîtres; il n'a plus besoin que de guides honnêtes et intelligents; il n'a plus besoin que de raison et d'institutions.

Et quand un peuple en est là aussi, il n'y a pour l'ordre et pour la paix aucun danger à le réunir, à l'interroger, à l'entretenir de ses affaires, de son gouvernement même; et ceci répond d'avance aux appréhensions, aux insinuations de ceux qui redoutent des réunions comme celle-ci, qui craignent qu'elles ne se changent en réunions séditieuses, qui disent qu'on ne peut rassembler autour d'une table paisible un certain nombre de citoyens choisis dans toutes les classes honorables de la population que pour flatter de mauvaises passions, que pour les enflammer contre leur administration, que pour les enivrer de basses flatteries, et pour leur mendier une popularité aussi honteuse que les moyens à l'aide desquels on l'aurait captée! (Bravos!)

Eh bien! ici on ne vous calomnie pas moins que moi-même. J'en appelle à vous contre ceux qui nous calomnient : vous ai-je jamais flattés? (Non, non! — Bravos.) Vous ai-je jamais excités à la haine du gouvernement, au mépris, à l'injustice envers votre administration, dans laquelle je compte ici tant d'honorables amis? Quand le désordre menaçait, qui vous a recommandé l'ordre? Quand vous vouliez une guerre insensée et dangereuse, qui s'est hardiment prononcé pour la paix, au risque de sa popularité perdue? Oui, j'ai osé vous contredire; et c'est pourquoi je puis, aujourd'hui, être de votre avis sans que personne ait le droit de voir en moi un flatteur du peuple et un quêteur de popularité. (Acclamations unanimes. — Oui, oui! c'est vrai!)

Je sais bien qu'on dit : « L'Opposition n'honore aujourd'hui M. de Lamartine que parce qu'il a fait à l'Opposition la concession de son caractère et de ses principes; c'est un nouveau converti à la liberté, on veut l'engager, l'encourager! » Mon dieu, je lis, j'entends cela tous les jours; cela ne m'effleure pas seulement. Les pamphlets ne sont pas de l'histoire.

J'ai passé à l'Opposition, dit-on? — Messieurs, je n'accepte ni l'éloge, ni le blâme ainsi formulés. Ce n'est pas moi qui ai passé à l'Opposition, c'est le gouvernement qui s'est écarté graduellement de la ligne où j'aurais été heureux de le suivre et de le soutenir en votre nom! Je n'ai pas changé de place, ce sont les choses qui en ont changé. Vous avez sous les yeux toutes les paroles que j'ai prononcées depuis huit ans que j'ai l'honneur de représenter mon pays! Confrontez-les avec ce que je dis aujourd'hui, avec ce que je dirai plus tard, et si quelqu'un, ici ou ailleurs, y trouve une seule contradiction, qu'il se lève et qu'il me méprise tout haut ! Mais vous n'en trouverez pas. Je n'ai pas changé d'ame, comment aurais-je changé de paroles? (Une voix : On le sait bien ; on vous calomnie!)

On dit aussi : Il veut s'imposer à l'Opposition. Imputation absurde ! Qui ? moi ? j'aurais la ridicule prétention de porter de l'intelligence au parti de Mirabeau ? du libéralisme au parti de Lafayette et de Foy ? de la probité, de la constance, du talent, au parti de Dupont (de l'Eure), d'Arago, d'Odilon Barrot ? Non, jamais une telle pensée ne m'a traversé seulement ; je n'ai jamais eu d'autre prétention que de faire mon devoir avec l'Opposition ou contre l'Opposition. Que lui ai-je dit quand l'identité des principes entre elle et moi nous a ralliés sur le terrain commun des grandes vérités sociales ? Je lui ai dit : Ayez des idées et une volonté ! Ne composez pas avec les idées contraires ; la force d'un parti est dans ses idées. Il les faut entières : on ne gagne rien à les monnayer. La moitié d'une vérité, ce n'est pas seulement une faiblesse ; la moitié d'une vérité, c'est un mensonge ! Une idée est l'ame d'un grand parti. Quand il l'abdique, il s'abdique lui-même. Combattez système contre système, et montrez au pays que vous n'êtes pas opposition seulement, mais que vous voulez être gouvernement. (Acclamations prolongées.)

Quant à mes idées, à moi, les voici : J'ai prêté force dans les difficultés, comme vous, aux premiers grands actes de la monarchie de 1830. Le rétablissement de l'ordre et le maintien de la paix de l'Europe seront deux pages qu'aucun esprit de parti ne pourra déchirer de son histoire. Quant à moi, je rougirais de ne pas m'en souvenir. Quand on ne sait pas être juste, on n'a pas le droit d'être sévère ! (Très bien ! très bien !)

Mais tout n'était pas là, Messieurs. Un gouvernement qui veut vivre, qui veut fonder quelque chose de durable et de grand, doit le faire à l'image de la nation qu'il organise et des idées qui animent cette nation. Eh bien ! c'est là, selon moi, le tort unique du gouvernement de Juillet. Il ne veut pas comprendre son œuvre. Ses institutions sont petites, ses institutions sont trop étroites pour que le peuple tout entier y entre ! Les institutions sont sur le modèle du passé, et non du présent. Eh bien! quelle est la pensée fondamentale de ce temps-ci et de l'avenir des peuples? Elle est d'un seul mot : Démocratie. Organiser la démocratie en gouvernement, voilà l'œuvre d'un pouvoir constituant qui aurait compris son époque. Organiser la nation en démocratie, voilà le problème qui poursuit tous les gouvernements, et qui renversera tous ceux qui se refuseront à le résoudre ! (Bravos unanimes.)

Vous pensez de même? Eh bien! puisque ce mot de démocratie revient si souvent dans notre langue politique, définissons-le bien, une fois pour toutes, afin qu'il n'y ait pas plus tard de confusion et de malentendu entre nous. Entendons-nous par démocratie ce gouvernement tombé de haut en bas, arraché aux classes qui, par leur loisir, leur élévation, leur fortune, ont le plus d'aptitude à se dévouer à la chose publique, pour le donner exclusivement, et par un privilège renversé, aux classes les plus rapprochées du sol, et les moins exercées aux pensées générales? Eh! non, sans doute ! On nous calomnie en nous attribuant cette chimère ; vous n'en voudriez pas vous-mêmes : ce serait de la démagogie ; ce serait donner la puissance à ceux qui ne sauraient avoir ni les lumières pour la comprendre, ni le temps pour l'exercer. La société politique est ce qu'elle doit être : une. La tête sera toujours la tête : malheur à une nation qui se décapiterait ! Ce que nous voulons, ce que nous entendons, c'est que la démocratie se compose de la tête, du corps et des membres, c'est-à-dire de toutes les forces de l'État : et de cette aristocratie des souvenirs, des noms, des illustrations, qui décorent le sommet de la population sans peser sur elle, qui a ses noms dans l'histoire, son sang dans nos batailles et dans ce qu'on appelle la noblesse, et n'est que l'éclat très légitime des grands services rendus au pays ! (De toutes parts : Très bien ! très bien!) Et de cette classe moyenne, active, intelligente, propriétaire, qui par les industries, le commerce, l'agriculture, les travaux intellectuels, a tant conquis depuis 50 ans, mais à qui pourtant nous ne laisserons pas tout usurper. (Non! non!)

Et enfin de cette classe innombrable de la population laborieuse, qu'on appelle les masses, d'où sortent vos soldats, vos ouvriers, vos travailleurs, et où vont se rajeunir et se retremper tour-à-tour, comme dans leur élément primitif, toutes les autres classes de la société, pour en ressortir de nouveau, par une rotation éternelle, sans autre privilège que le travail, la probité, le talent.

En un mot, par démocratie nous entendons nation, nation une, indivisible, complète! Le reste ne serait qu'une réaction momentanée et funeste, comme celle des premières années après 89; un déplacement du despotisme, et non pas la liberté; le despotisme en bas au lieu d'être en haut. Nous n'en voulons ni en haut, ni en bas, ni au milieu. Le droit partout, la liberté pour tous, voilà pour nous la démocratie! voilà le peuple! (Nombreuses acclamations.)

Eh bien, savez-vous, selon moi, le tort des hommes qui dirigent, qui inspirent le gouvernement depuis sept à huit ans? C'est de ne pas croire à la possibilité de cette démocratie organisée. Ils disent : « C'est incompatible avec la monarchie. Ce serait fonder sur les vagues de la mer. La démocratie est un élément trop mobile, il faut le solidifier en le rétrécissant. Ce qu'il faut, avant tout, c'est de la force à la monarchie. »

Eh! mon dieu, Messieurs! et nous aussi, nous voulons bien prêter force à la monarchie; à cette concentration de la force nationale dans une institution permanente et respectée, au sommet des institutions. Mais entendons-nous : de quelle monarchie voulez-vous parler? Est-ce d'une monarchie née d'un mouvement libéral et national un jour de victoire de la liberté dans Paris? d'une monarchie balancée un moment contre la république dans un hôtel-de-ville, face à face avec M. de Lafayette, l'homme de 91, et sortie, enfin, comme une transaction heureuse que nous avons tous acceptée entre des partis prêts à se déchirer, et peut-être à déchirer la France? (Sensation prolongée.)

Ou bien, est-ce d'une monarchie oubliant trop vite sa naissance et ses conditions toutes nationales, retirant peu à peu toutes ses promesses, se déplaçant par degrés de son principe pour passer sur un autre, absorbant tôt ou tard le droit national dans le droit dynastique, et se glissant, pour ainsi dire, de déviation en déviation, jusqu'à un trône absolu, à l'ombre duquel on laisserait encore jouer au pays une comédie de liberté représentative? (Bravos!)

Si c'est d'une pareille monarchie que vous entendez parler, elle ne reviendra jamais.

Une voix : Nous ne la souffrirons pas!

M. de Lamartine se tournant vers l'interrupteur : Vous ne la souffrirez pas? Ce mot prouve autant pour le libéralisme que pour l'intelligence de celui qui l'a prononcé! Non, ce genre de monarchie ne pourra jamais s'enraciner de nouveau parmi nous. Vous le comprenez, vous! Mais quels sont donc les théoriciens assez insensés pour rêver encore, en France, la résurrection de monarchies de cette nature? Mais ils ont donc les yeux fermés à l'histoire!.. Quoi! ils ne voient pas que la monarchie a subi dans le monde d'aussi profondes modifications que toutes les autres institutions! que toutes les bases sur lesquelles on peut fonder des monarchies ont été sondées, et qu'aucune n'a pu porter quinze ans un gouvernement! N'avez-vous pas vu la monarchie de droit divin s'engloutir en 89 dans un abîme qui a failli engloutir la France elle-même? N'avez-vous pas essayé de la monarchie militaire? où est-elle? au tombeau des Invalides, ensevelie dans sa gloire! des millions de baïonnettes n'ont pu la porter. N'avez-vous pas essayé de la monarchie de transaction entre les deux principes, sous la Restauration? elle a péri! je l'ai déploré moi-même! Je ne m'en cache pas, sa chute m'a ému. L'ébranlement de cette chute n'a certes pas raffermi le sol monarchique. Que vous reste-t-il donc? une seule monarchie possible. La monarchie de *raison* et de *nécessité*, telle que vous avez voulu la fonder en 1830; la monarchie, non pas enveloppée des mystères d'une métaphysique anglaise, cachant son origine dans le ciel, mais la monarchie en plein jour, examinée par tout le monde, consentie par tout le monde, appartenant à tout le monde, et ne représentant plus que deux choses utiles aux nations : l'unité d'action dans le gouvernement, et la perpétuité du signe du pouvoir dans la royauté. Voilà tout, et c'est assez. Et ce rôle est encore assez immense ! Moins, c'est l'ancien régime; plus, c'est la république! (Très bien! très bien! — *Une voix :* C'est là la monarchie que nous voulons !)

M. de Lamartine : C'est cela que vous voulez ! mais est-ce bien cela que veulent ou semblent vouloir depuis sept à huit ans les conseillers du pouvoir? Ils vous font peur de leur propre ouvrage. Ils vous font peur de vous-mêmes. Ils vous font peur de l'instabilité, des excès, des crimes même d'une démocratie organisée. Mais ont-ils réfléchi à l'anachronisme de ces terreurs? On se trompe sur les choses en se trompant sur les temps. Messieurs, la démocratie a été terrible, débordée, anarchique, coupable après 89! Mais ce n'était pas son règne, alors; c'était son laborieux enfantement! c'étaient les convulsions de sa naissance et de sa lutte avec l'agonie d'un ordre social qui luttait contre elle en s'écroulant! Quoi de semblable aujourd'hui? Sans doute, si les mêmes circonstances se représentaient jamais, les passions de la démocratie seraient dangereuses; bien loin de la soutenir et de l'encourager comme j'ose le faire, il y aurait à combattre et à mourir, peut-être, pour la contenir et la modérer! Ce sont là de ces temps redoutables, où les hommes assez énergiques pour s'approcher de la passion populaire en sont consumés les premiers, et ne sauvent les sociétés qu'en se dévouant pour elles! Mais, encore une fois, en est-on là? La démocratie a-t-elle quelque chose à conquérir en dehors de ce qui peut être conquis en ordre et par la voie des gouvernements réguliers? Non! elle n'a qu'à se régler : elle n'est plus, en France, à l'état d'ignorance, d'anarchie, de passion, encore moins de fureur. Elle est à l'état de théorie et d'institution. Ce temps-ci n'est plus le temps des tribuns ni des démagogues, c'est le temps des hommes d'état! (Bravos unanimes et prolongés. — M. de Lamartine se repose un instant.)

Mais, Messieurs, allons au fond des choses, puisque vous voulez bien m'accorder une si longue et si obligeante attention. Levons tous les voiles qui nous cachent le sens intime des choses. Quelle est donc la pensée vraie, profonde, persévérante, j'oserai dire, la pensée sainte et divine de la démocratie et de la Révolution française, puisque cette pensée, au fond, n'est qu'une émanation de l'idée chrétienne appliquée à la politique? Est-elle donc si coupable, cette pensée? — Si coupable? eh! c'est la pensée du christianisme! Ce n'est pas autre chose que la tendance, que l'aspiration à l'unité! la passion de l'unité! l'unité du peuple avec lui-même, par la suppression des privilèges des castes, des préjugés mêmes, qui nous divisaient! (Bravos, bravos!) l'unité du peuple avec son gouvernement! La democratie? c'est l'unité! La révolution? c'est l'unité! Le vrai libéralisme? c'est l'unité! la fusion des conditions, des castes, des professions, en une seule et compacte individualité nationale!

Voilà ce que veut la France, même à son insu. Voilà ce que ses divers gouvernements s'obstinent, si malheureusement, à ne pas vouloir! La démocratie veut unir, et le pouvoir veut diviser! Il le veut par des *pairies* héréditaires, qui ne seraient, au fond, que des gouvernements par droit de naissance! (Très bien!) Il le veut, par une élection restreinte à une véritable oligarchie électorale! Il le veut, parce qu'il appelle un pays légal en opposition avec un pays de trente millions de citoyens hors la loi élective. (Très bien!) Il le veut, jusque dans une institution de conseillers privés qui s'interposeraient entre les corps élus et la couronne. (Très bien! très bien!) Il le veut, par les fortifications de Paris! (Très bien!) Il le veut, par une loi de régence qui dépossède la nation du droit inaliénable de pourvoir à son salut dans les interrègnes! (Très bien! très bien!) Il le veut, enfin, par l'isolement d'un trône qu'il veut faire porter sur la base étroite d'une aristocratie de gouvernement, au lieu de le poser, inébranlable, sur la base large d'un peuple organisé tout entier! (Vives acclamations!)

Oui, voilà partout les deux tendances contraires du peuple et du pouvoir. Et l'on s'étonne que l'Opposition grossisse! Ah! ce qui m'étonne, moi, c'est que la nation tout entière ne soit pas déjà avec nous dans l'Opposition!..... (Nombreuses et vives adhésions. — L'orateur prend un moment de repos, descend dans la salle et cause quelques minutes avec ceux qui l'entourent.)

Pourtant, Messieurs, n'était-ce pas une assez belle mission réservée par la Providence à la monarchie de 1830, que cette mission de fonder enfin l'unité de la nation et de son gouvernement? N'était-ce pas là ce qui aurait imprimé un cachet, un caractère propre et grandiose à son établissement dynastique? Oui, cela aurait donné à cet établissement un caractère qui ne l'aurait laissé confondre avec aucun autre, et j'ose dire que le sol était bien préparé pour cela. La féodalité a eu pour caractère et pour mérite la défense armée du territoire national; ces châteaux, dont vous voyez les ruines sur vos montagnes, n'étaient pas des nids de brigands ni des repaires de tyrannie, comme on vous l'a dit; c'étaient aussi les forteresses des provinces qui, plus tard, ont formé la France en s'unissant. (Très bien!)

Louis-le-Gros nous prépara à la liberté nationale et politique par la liberté octroyée aux communes. Louis XIV et Colbert nous donnèrent l'administration, cette action centralisée et uniforme de l'Etat, inconnue jusque-là. La révolution de 89 nous donna l'égalité, l'égalité raisonnable, l'égalité que nous voulons tous, l'égalité de noblesse et non de bassesse, l'égalité qui ennoblit tout le monde! Car la noblesse de tous, la noblesse du peuple, c'est la liberté! (Bravos.) Au gouvernement de 1830 était réservé d'accomplir et d'organiser l'unité de la nation par la distribution large, équitable, des droits politiques, dans des proportions réglées avec toutes les garanties de solidarité et de moralité, à toutes les classes de citoyens qui forment le peuple en s'organisant.

Voilà, quant à moi, la pensée qui m'a animé depuis le premier jour où j'ai touché à la politique, et que je ne cesserai de poursuivre, tant que vous me continuerez ce concours dont je suis si fier et dont je me sens fortifié dans ma faiblesse et dans mon isolement: accomplir, achever, cimenter l'unité de cette grande nation, et tendre ainsi à la grande unité des nations entre elles!

Mais, me dit-on, vous pensez peut-être juste; mais vous êtes seul! seul au milieu de passions et d'intérêts plus forts que vous! — Je suis seul, Messieurs? Et qui donc êtes-vous? (Longue sensation.) Et pourquoi donc ces nombreux citoyens, de toutes les classes de la population, qui remplissent ces tentes, à qui je suis personnellement ou indifférent ou inconnu, et qui ont bravé les intempéries de la journée pour venir sympathiser dans ces sentiments! Seul, Messieurs? Ah! oui, on est seul quelques années souvent, quand on est avec la vérité. Mais une force supérieure, le temps, travaille à votre insu pour vous, et il vient un jour où, au lieu d'être multiplié par quelques groupes dans un parlement, vous êtes multiplié par tout un peuple ! (Très bien ! très bien ! — L'orateur est obligé de s'interrompre).

Eh bien ! puisque vous écoutez avec tant d'attention mes faibles paroles, j'irai plus loin, et je vais vous dire une chose que je n'avais pas le projet, en montant ici, de dire en public. (L'attention redouble.)

Nous sommes des hommes sérieux ; Messieurs, profondément attachés, tous ici, à notre patrie et à la conservation de son gouvernement; nous craignons les révolutions : nous avons raison, car toutes les révolutions ne sont pas des progrès. (Très bien ! très bien!) Il y en a qui avancent, il y en a qui font reculer un peuple et qui retardent l'esprit humain. Pensons donc un moment tout haut!

Eh bien ! ce que je ne me proposais pas de vous dire, le voici : c'est que la pensée démocratique, la pensée de l'unité des citoyens n'est pas seulement une pensée populaire, mais qu'elle est peut-être la seule pensée de salut pour le gouvernement.

Nous sommes au lendemain, Messieurs, et, qui sait? nous sommes peut-être à la veille de ces jours critiques où les nations ont besoin de toute leur énergie et de toute leur unanimité pour se préserver des révolutions. Dieu seul connaît le jour des crises, mais ce temps est plus gros que tout autre d'inévitables évènements. Supposez, ce qui est certain, qu'à un moment (que Dieu veuille écarter le plus possible de nous) le pouvoir, qui ne pousse pas de racines parce qu'il n'a pas su choisir son sol, soit tiraillé, ébranlé, menacé, déchiré par les crises d'une minorité orageuse que toutes les ambitions se disputeront ; par une *Fronde* nouvelle avec l'élément populaire de plus ! Supposez que les puissances étrangères avec lesquelles on n'a pas su nous constituer une seule alliance ;

avec lesquelles nous ne sommes véritablement qu'en trève, bien que dans ces derniers temps nos hommes d'état, je rougis de le dire, n'aient pas craint, eux, de faire faire deux fois le mort à ce grand peuple! (Sensation universelle.) supposez, dis-je, que l'Europe veuille profiter de ces déchirements intérieurs pour regagner le terrain perdu par la monarchie en 1830, et que le choc du continent armé coïncide avec le choc des partis en France!... Vous réfléchissez? eh bien! je vous le demande, ne serait-il pas trop heureux que l'union entre nous tous fût cimentée alors, et que le même esprit public, vivifié, retrempé dans des intérêts, dans des droits communs, ralliât tous les citoyens contre les factions dedans, contre les ennemis dehors; et que le peuple, appelé aussi à exercer son intelligence et ses droits, connût d'avance à qui il peut se fier? quels sont ses défenseurs, ses guides, ses conseillers, ses chefs? quels sont ceux d'entre les citoyens qui nourrissent dans leur cœur le plus de ce feu sacré qui allume le grand patriotisme, et qui dévore les misérables coteries et les petites factions?

Oui, le salut n'est que là : il n'y a que les masses d'assez fortes pour écraser les partis! (Bravos.) Le temps des masses approche, et je m'en réjouis; mais il faut que leur avènement soit régulier pour être durable.

Eh bien! c'est ce qui me fait attacher tant de prix à ces reunions, à ces grandes revues de l'esprit public, passez-moi le mot, oui, à ces grandes revues de l'opinion, à ces communications publiques, où des hommes qui ont rarement l'occasion de se rencontrer dans la vie, se parlent, s'entendent, apprennent à s'estimer; où la main qui tient l'épée ou la plume, serre la main qui tient l'outil ou la charrue; où les distances s'effacent, où les idées se rapprochent et se pénètrent comme les cœurs!

Ah! il est beau, il est nouveau de rassembler ainsi le peuple par si grande masse, non pas pour l'exciter contre ses pouvoirs, non pas pour caresser ses envies, ses passions, mais, au contraire, pour faire tomber entre nous les préjugés qui nous affaiblissent en nous divisant; pour.... (*Une voix :* Oui, comme O'Connell en Irlande.)

M. de Lamartine : J'entends prononcer le nom d'O'Connell. Eh bien! non, Messieurs, rien de commun heureusement entre O'Connell et nous, entre l'Irlande et la France.

Que voyons-nous, en effet, en ce moment, ce matin même? Les journaux retentissent de ses éloquentes invocations à l'indépendance; nous voyons O'Connell, un orateur passionné, populaire, national, religieux, un tribun catholique du moyen-âge, prendre le titre d'agitateur de sa nation; remuer, avec tous les souffles de la parole humaine, les passions bonnes ou mauvaises de la population, et soulever ces tempêtes d'où sort quelquefois la liberté, plus souvent la ruine et la servitude aggravée d'un peuple! (Sensation.)

Grace à Dieu et à vous, nous n'avons rien de semblable à faire en France! Il n'y a jamais besoin d'agiter un pays libre et qui est sûr de garder sa liberté. (Très bien!) Au contraire, Messieurs, il n'y a qu'a raffermir, qu'à apaiser, qu'à rallier l'esprit public et à lui rendre par son calme même le sentiment de sa force et de son autorité. L'esprit public, Messieurs, c'est l'arme toute-puissante de l'Opposition. Elle lui suffira, mais il ne faut pas la laisser s'user dans l'indifférence.

Je lis dans vos yeux, je pénètre dans les pensées qui vous traversent. Vous dites : « Cela est vrai. Mais dans cette lutte constante et à toutes armes que se livrent les ministres et le pays, et où l'on se dispute les combattants, le pouvoir a de grands avantages sur les citoyens. N'a-t-il pas les places, les faveurs, les honneurs, les situations, tout cet arsenal d'influences du gouvernement, quelquefois licite, quelquefois coupable quand il y puise des armes pour atteindre la conscience publique, et lorsqu'il se dégrade jusqu'à la corruption? »

Oui, cela est vrai, Messieurs! Mais si le pouvoir a la corruption, le peuple n'a-t-il pas, de son côté, une force qui suffit à elle seule, quand il sait la distribuer avec justice, pour contrebalancer tout le poids de ces influences illicites des gouvernants? — Oui, si le pouvoir a la corruption, le peuple a son estime! L'estime du peuple, c'est la seule corruption des hommes désintéressés! c'est la seule qui soit digne à la fois de vous et de moi; c'est la seule pour laquelle j'espère avoir toujours le courage de vous servir, et même de vous résister. (Bravos.)

Armée d'une pareille force d'esprit public, une nation peut toujours ce qu'elle veut. Nous ramènerons par les voies de la persuasion pacifique le gouvernement de 1830 à la ligne dans laquelle j'aurais désiré le voir marcher ; et s'il persistait à s'égarer, à faire divorce avec les tendances légitimes de la nation ; s'il s'obstinait à compromettre sous les fautes accumulées le vaisseau de l'État, la France ne s'obstinerait pas avec lui ! — Napoléon est mort, Messieurs ! — De grandes dynasties ont passé.... il n'a été donné à aucun homme, à aucun pouvoir d'emporter avec lui la fortune de la France. (Acclamations unanimes.)

Mais rassurons-nous encore une fois ; ne précipitons rien, ne désespérons de rien dans nos pensées : l'esprit public suffira à sauver à la fois le pays et son gouvernement ; il n'a besoin, pour cela, ni de séditions, ni d'agitations, ni de menaces. La seule sédition d'un peuple libre, quand son gouvernement s'égare, c'est de ne pas le suivre ; la seule menace, c'est de ne rien craindre ! (Applaudissements prolongés.)

Messieurs ! pour répondre au *toast*, à la fois si bienveillant et si politique, qui vient de m'être porté par votre digne organe, M. Bouchard, permettez-moi de vous proposer, à mon tour, un toast qui résume à la fois toutes mes pensées, toutes les vôtres, toutes celles du pays ; j'oserai dire, la pensée même de la Providence, qui, après avoir gouverné si longtemps les peuples par les hommes, semble vouloir, désormais, les gouverner par les idées. (Très bien ! très bien !)

A L'ACCOMPLISSEMENT RÉGULIER ET PACIFIQUE DES DESTINÉES DE LA DÉMOCRATIE ! (Applaudissements unanimes et prolongés.)

MACON. — IMPRIMERIE DE CHASSIPOLLET.

www.ingramcontent.com/pod-product-compliance
Lightning Source LLC
LaVergne TN
LVHW010220230826
846091LV00008BB/3593

* 9 7 8 2 0 1 9 1 8 7 0 3 3 *